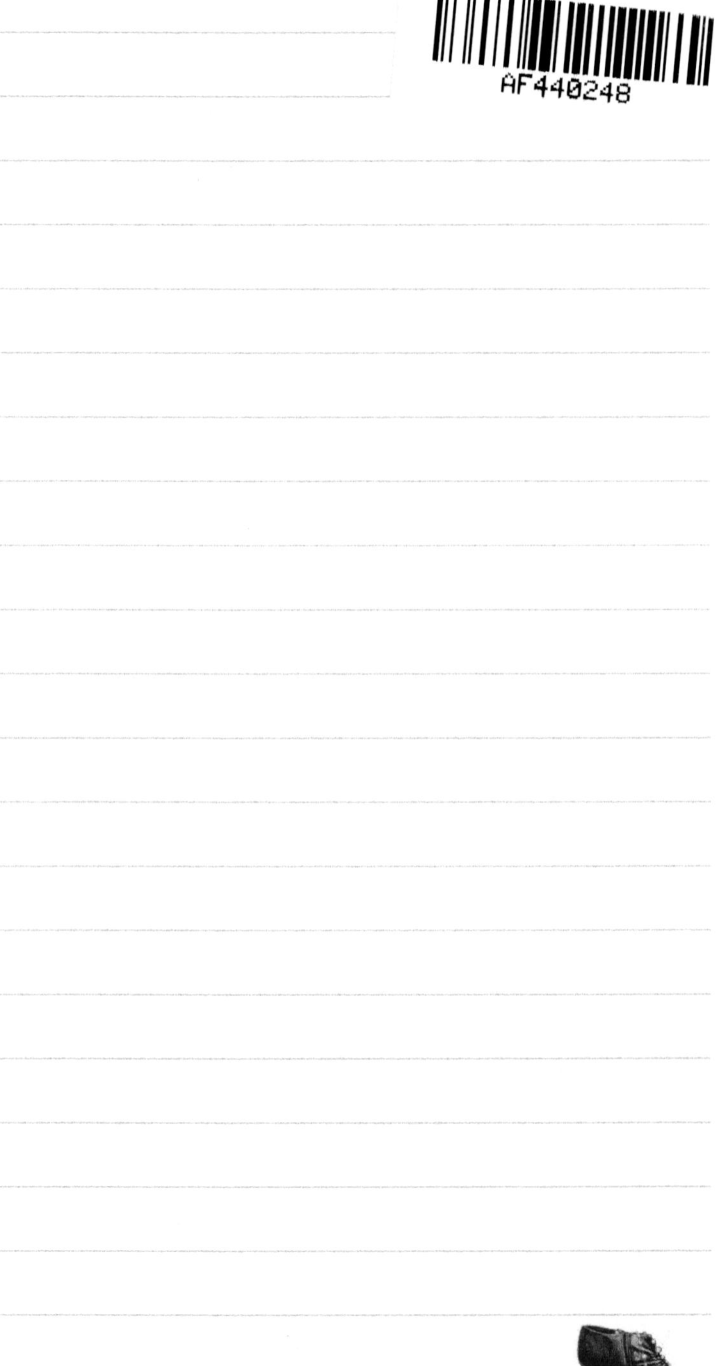

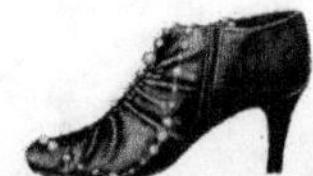

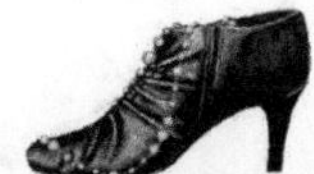

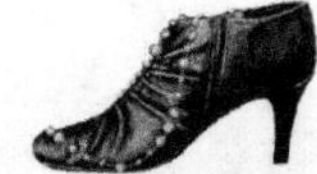

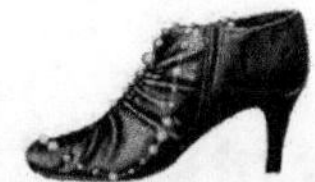

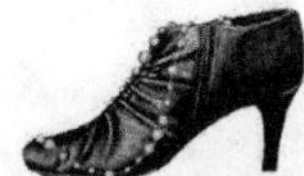

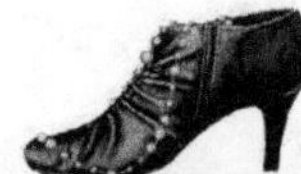

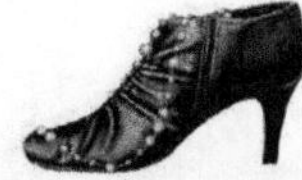

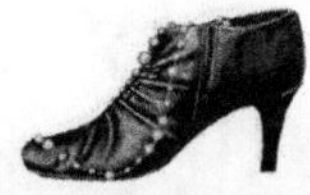

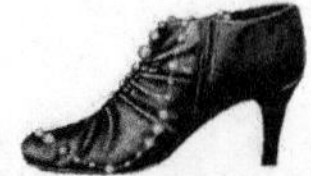

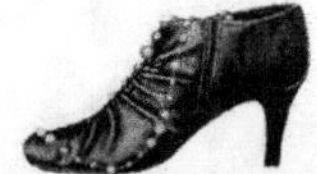

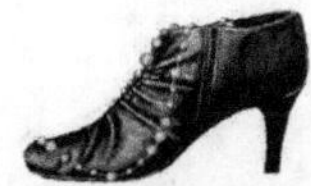

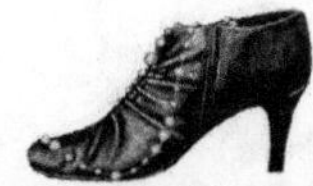

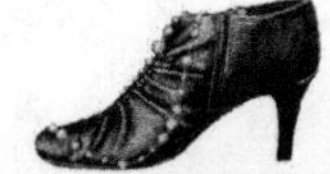

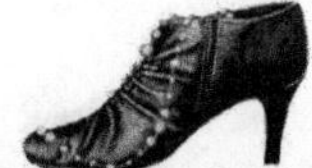

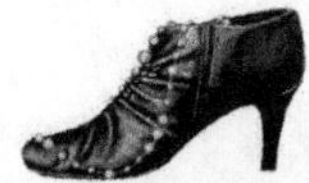

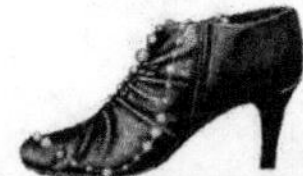

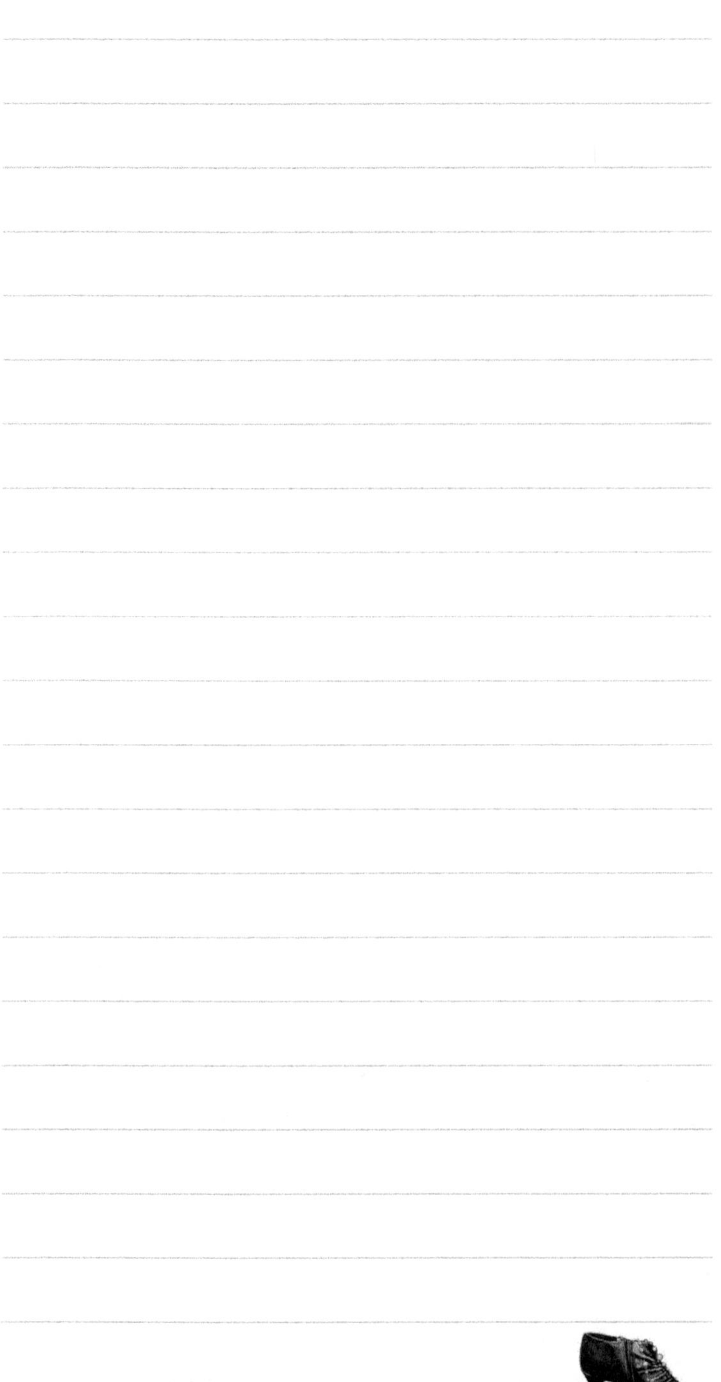

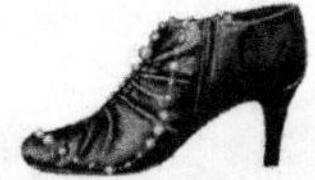

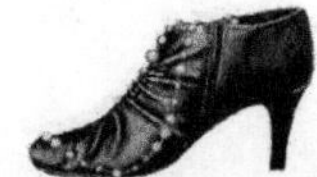

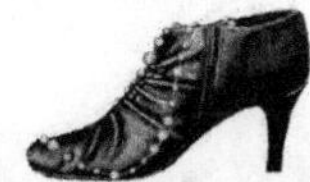

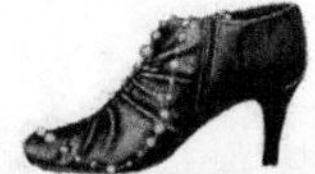

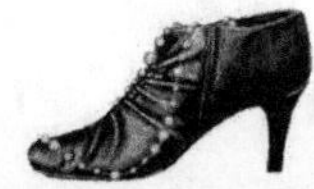

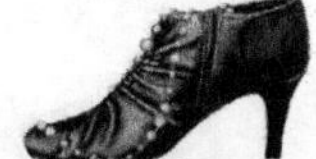

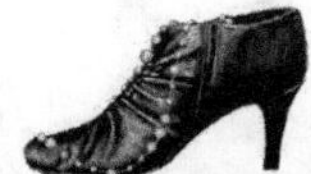

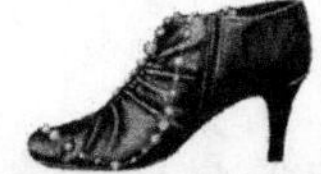

CBHW061429050726
47593CB00006B/2268

www.ingramcontent.com/pod-product-compliance
Lightning Source LLC
Chambersburg PA